Fotos Bernhard Kittel
Text Doris Kittel

Südsee

Ein Reisetagebuch

Foto: Doris Kittel

Bernhard Kittel, Jahrgang 1953, lebt mit seiner Familie in Freistadt. Er ist gelernter Fotografenmeister und heute Eigentümer und Geschäftsführer der Firma Happy Foto.
Seine karg bemessene Freizeit nützt der erfahrene Taucher zu exotischen Reisen und Tauchfahrten. Bei der Auswahl der Ziele sucht er als naturverbundener Mensch bewusst immer wieder nach der heilen Welt, nach Plätzen und Winkeln, die sich bisher noch einigermaßen dem Eingriff durch den Menschen entziehen konnten. Eines seiner liebsten Hobbys ist die Unterwasserfotografie, die sich in wunderschönen Bildbänden nachvollziehen lässt.
Bernhard Kittel ist Fotograf aus Leidenschaft, mit hohem technischem Wissen und Einfühlungsvermögen. Mit seinen Bildern will er nicht nur dokumentieren, sondern vor allem von jenen Seiten der Schönheit und Harmonie erzählen, die nicht jedem Menschen zu sehen vergönnt sind.

Doris Kittel, Mutter von zwei Töchtern und einem Sohn, lässt es sich nicht nehmen, ihren Mann auf allen seinen Tauchreisen zu begleiten und wenn nötig für Druckausgleich zu sorgen. Sie ist selbst leidenschaftliche Taucherin mit Hang zum abschätzbaren Risiko, und sämtliche Reisevorbereitungen und Buchungen laufen über sie. Für die intensive Vorbereitung und Planung trägt sie jedes Mal Berge von Informationsmaterial und Prospekten zusammen. Auf den Reisen ist sie es, die minutiös und gewissenhaft Buch über alle Erlebnisse, Aufregungen und Erfahrungen des Tages führt.
Auf ihren Schultern ruhte die Hauptlast bei der Sichtung des Materials für diesen Bildband, und die ausführlichen Aufzeichnungen in ihrem Reisetagebuch dienten ihr als Grundlage und Rahmen für die textliche Begleitung der Fotos.

Vorwort

Sie alle kennen sie von Freddy Quinn, von Karl May oder von Daniel Defoe. Sie denken an Palmen und paradiesische Strände am „Blauen Meer"; an bunte Korallen, Schwärme von Fischen und Menschen mit Blumenkränzen im Haar. Und Sie alle wissen, dass es dort herrlich sein muss.
Aber wissen Sie genau, was und wo die ***Südsee*** ist? Sehen Sie. Auch Sie werden, wie wir und viele andere, im Brockhaus nachschlagen müssen. Unter „Südsee" erfahren Sie aber nur, dass sie der südwestliche Teil des Stillen Ozeans ist; dass die Südsee-Inseln Ozeanien heißen; und dass Ozeanien meist zum Kontinent Australien gerechnet wird, obwohl es geologisch und völkerkundlich eigenständig ist. Was folgt, ist eine Unmenge an Zahlenmaterial über Land und Leute, Geschichte und Geografie. Lexikonwissen sozusagen.
Genau das will dieses Reisetagebuch ein wenig erweitern. Durch persönliche Eindrücke und Erlebnisse; mit begleitenden Tagebuchaufzeichnungen als Erinnerung und Ergänzung zu den Fotos. Das Buch wird Sie in einen der wunderbarsten Flecken dieser Erde begleiten, Sehnsüchte und Fernweh wecken und Ihnen einmal mehr die Schönheit unserer Welt vor Augen führen. Die Bereitschaft und die Fantasie dafür schlummern in Ihnen selbst.

Doris Kittel

Einleitung

Manchmal macht dich das Fernsehen auch aktiv. Besonders, wenn es dein Fernweh weckt. So geschehen an jenem grauen Novemberabend, als uns *„Universum"* die Südsee ins Wohnzimmer trug.
Wir haben schon einiges gesehen. Und wir wissen, Tauchziele gibt es zu Tausenden. Untertauchen kann man überall. Ein Leben reicht bei weitem nicht aus, um auch nur die schönsten Tauchplätze auf diesem Planeten kennen zu lernen. In die Südsee aber, mit ihren atemberaubenden submarinen Landschaften, ihren Inselgruppen, die wie weiße Perlenschnüre auf blauem Samt aufgefädelt liegen, ihrer Farbenpracht, die bunter ist als eine Gemäldeausstellung sämtlicher Rubens und Picassos – wir wussten in diesem Augenblick: dort müssen wir hin.
Die Ozeane dieser Welt haben uns einfach in ihren Bann gezogen. Und die Sehnsucht nach dem Abtauchen. Die Sucht nach dem Rausch der Farben. Nach Korallenriffen, von denen keines dem anderen gleicht. Wo jedes seine eigene Kunsthalle ist. Unwirkliche Farben, die leben und sich bewegen. Jeder Augenblick Premiere eines völlig neuen Schauspiels, das sich nur einmal spielt. Und nie mehr wiederkommt.

Der Rest ist Vorfreude, Vorbereitung und intensive Arbeit an einer perfekten Planung. Wir tragen Bücher, Reiseführer und Berichte aus verschiedensten Tauchzeitschriften zusammen und beginnen darin zu schmökern. 25 Tage, in denen wir einmal die Erdkugel umrunden wollen, stehen uns für diesen Urlaub zur Verfügung. Im Frühling soll die Reise in die Südsee beginnen. Als Hauptziel wählen wir *„Französisch Polynesien"* – als Hauptgrund ein neues Taucherlebnis. Es wurde natürlich mehr daraus. Wie meistens, wenn Menschen eine Reise tun.

Geschichte und Kultur

Südsee – ein Paradies auf der anderen Seite der Erdkugel.
Bis heute ist die Südsee kein eindeutig definierter geografischer Begriff. Der Name geht auf den Spanier *Vasco Nuñez de Balboa* (1475–1517) zurück. Er stieg 1513 in Panama auf einen Berg und erblickte von dort aus als erster Europäer den Pazifik. Ihm gab er den Namen *„mar del sur"* – Meer des Südens.

Der Pazifik bedeckt als größtes Meer fast ein Drittel der Erdoberfläche. Die durchschnittliche Tiefe des größten Weltmeeres beträgt 4.200 Meter. Seine tiefste Stelle im Marianengraben misst 11.022 Meter und bildet so den tiefsten Einschnitt in die Erdkugel.

Aus dem Pazifik ragen Tausende kleine Inseln heraus, die Bergspitzen eines abgesunkenen Urkontinents. Wie viele Inseln im Pazifik existieren, hat vermutlich noch niemand gezählt, denn ihre Zahl ändert sich ständig.

Aus kultureller Sicht umfasst das Gebiet „Südsee" folgende Inselbereiche:

Polynesien
die „Welt der vielen Inseln"
Mikronesien
die „Welt der kleinen Inseln"
Melanesien
die „Inseln der Schwarzen"

Zu Melanesien wird auch *Papua-Neuguinea* gerechnet. Dieser Teil der Südsee galt lange Zeit wegen seiner Kultur und dem verbreiteten Kannibalismus als besonders gefährliche und wilde Gegend.

Gemeinsam war allen drei Kulturen ein Gesellschaftssystem, das auf Häuptlingsaristokratien basiert, ähnlich dem alten europäischen Feudalsystem. Wie dort im Adel gab es hier mehrere Hierarchien von Häuptlingen bis hin zu Königen ganzer Inselreiche.
Der Häuptlingsrang blieb aber nicht nur Männern vorbehalten. Trotzdem sind die Südseegesellschaften heute noch patriarchalisch geprägt. Mann und Frau haben im Dorf unterschiedliche Aufgaben zu erfüllen. Während die Männer auf Jagd oder zum Fischen gehen, Boote und Häuser bauen und alle sogenannten „wichtigen" Entscheidungen treffen, sind die Frauen „nur" für die Kinder und den Anbau von Obst und Gemüse verantwortlich. Als Draufgabe kochen sie die Mahlzeiten und beschäftigen sich mit Handarbeiten.
In Europa glaubte man in der Südsee das Ideal einer konfliktfreien Naturgesellschaft gefunden zu haben, was natürlich nicht stimmte. Denn auch die Südseeinsulaner führten seit jeher Kriege, Clan gegen Clan.
Kannibalismus war, vor allem in den melanesischen Kulturen, Bestandteil des täglichen Lebens, glaubte man doch durch den Verzehr des Gegners sich dessen Stärke und Macht aneignen zu können.

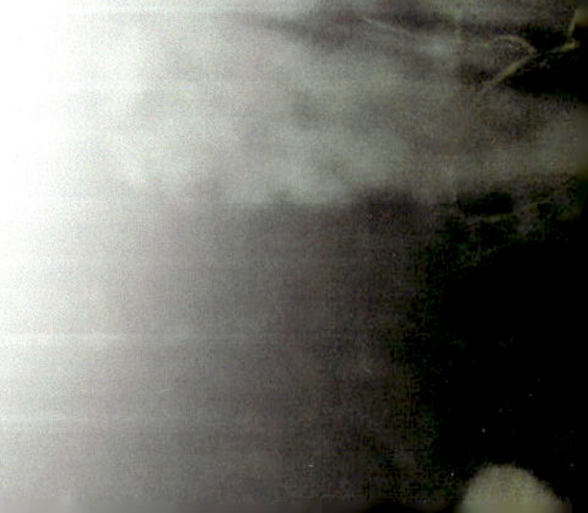

Die Besiedlung der Inseln

Von Anfang an vermutete man, dass die ersten Einwohner der Südsee aus Südostasien kamen, vom westlichen Rand des riesigen Ozeans.

Die natürlichen Landbrücken und Inselketten reichen von Indonesien über Papua-Neuguinea bis tief in den Pazifik hinein.

Das Inselspringen war also auch mit einfachen Wasserfahrzeugen möglich. Für diese allgemein anerkannte Theorie sprechen die Sprachverwandtheit, die Ähnlichkeit in der Kultur und der Tier- und Pflanzenwelt.

Auch mündliche Überlieferungen und Ausgrabungen haben Spuren hinterlassen, die von den heutigen Südseebewohnern auf die Ursprünge in Südostasien weisen.

Melanesien: Die „schwarzen Inseln" sind benannt nach den dunkelhäutigen Bewohnern mit ihren krausen Haaren und negroiden Gesichtszügen.

Die Bewohner Polynesiens sind zum Unterschied zu den westlichen Nachbarn hellhäutig und groß gewachsen. Wegen des ebenmäßigen Körperbaues und der feinen Gesichtszüge werden sie von den europäischen Entdeckern auch als „Griechen des Pazifiks" bezeichnet.

Der Mythos von der Südsee geht hauptsächlich auf die Begegnung mit dieser polynesischen Kultur zurück.

Die Inseln Fidschis bilden den fließenden Übergang zwischen Melanesien und Polynesien.

Die Mikronesier sind ebenso hellhäutig, haben jedoch einen Schuss mehr asiatisches Blut in den Adern als die Polynesier. Man vermutet, dass sie sich von Taiwan in südöstlicher Richtung in den Pazifik ausbreiteten und vermutlich auch mit Polynesiern mischten.

Geografischer Überblick

Der größte Teil des Pazifiks mit seinen Inseln liegt auf der „Pazifischen Platte", der andere Teil auf der „Indo-Australischen Platte".

Die hohen Inseln westlich der Trennlinie zwischen beiden Platten sind Bergspitzen eines aus dem Wasser ragenden versunkenen Kontinents, die Inseln östlich davon sind ausschließlich Vulkan- und Koralleninseln.

Ozeanien umfasst rund eine Million Quadratkilometer Landfläche. Die Gesamtfläche einschließlich der Wasseroberfläche beträgt 32 Prozent der Erdoberfläche. Sie ist somit größer als die Oberfläche des Mondes.

Geografisch teilt man diese Inseln ein in Melanesien, Mikronesien und Polynesien.

Erste Entdecker

Der Spanier Vasco Nuñez de Balboa durchquerte als erster Europäer 1513 Panama und erreichte nach 30-tägigem mühsamem Marsch durch den tropischen Regenwald den Pazifik.

Der erste Weltumfahrer Magalhães war 1521 bis an den Westrand des Pazifik gesegelt, ehe er auf eine bewohnte Insel stieß.

Kapitän Cook ging 1755 zur königlichen Marine. Durch seine Fähigkeiten schaffte er es schließlich, als Leiter einer Südsee-Expedition ausgesucht zu werden, obwohl er noch nicht Seeoffizier war.

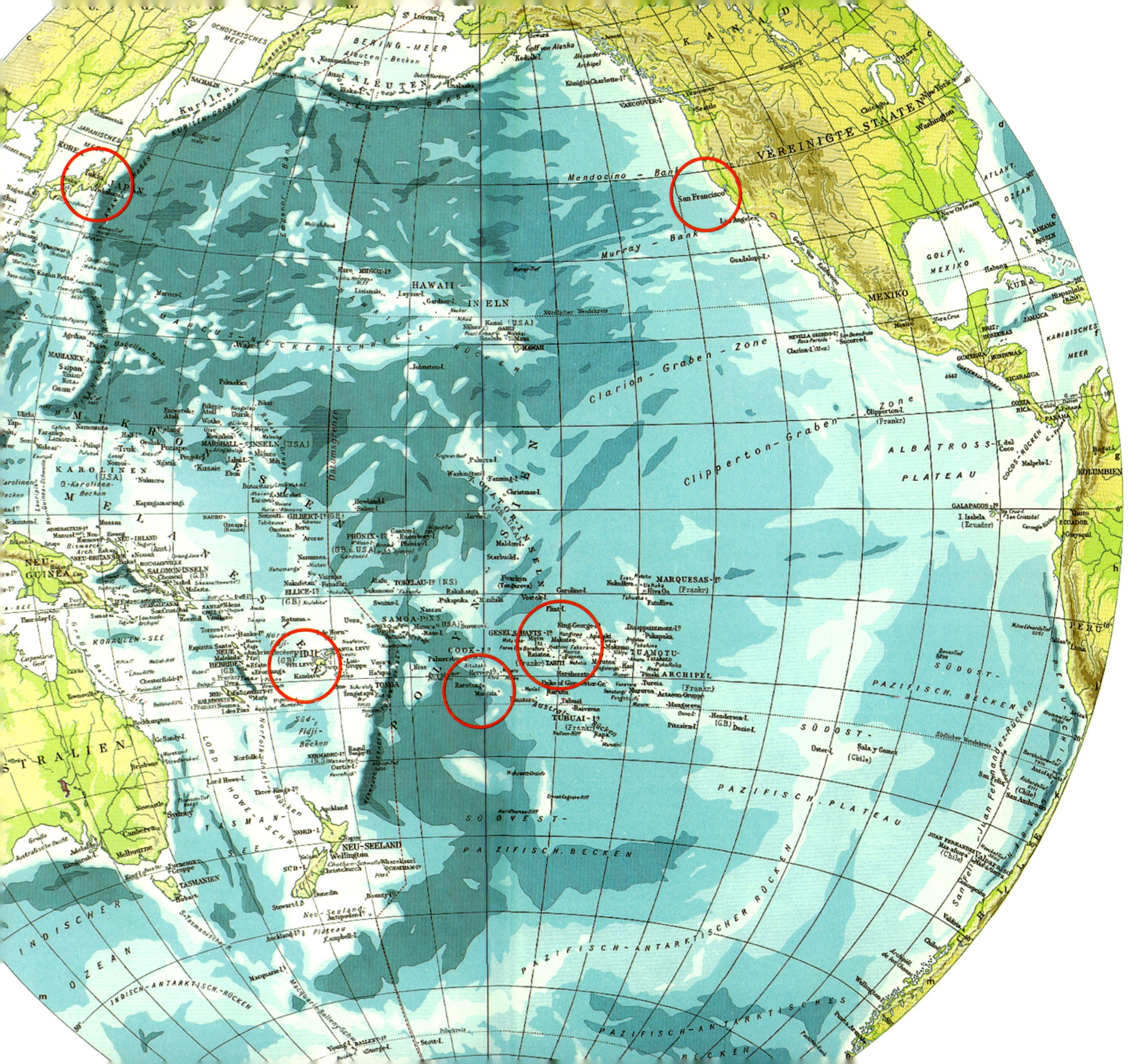

BERING-MEER
OCHOTSKISCHES MEER
ALEUTEN
KANADA
VEREINIGTE STAATEN
Mendocino - Bank
San Francisco
Murray - Bank
GOLF v. MEXIKO
MEXIKO
KARIBISCHES MEER
ATLANT. OZEAN
JAPAN
HAWAII - INSELN
Clarion - Graben - Zone
Clipperton - Graben - Zone
ALBATROSS - PLATEAU
MARSHALL-INSELN (USA)
KAROLINEN
MARIANEN
NEU-GUINEA
KORALLEN-SEE
FIDJI
SAMOA
COOK-I.
TONGA
GESELLSCHAFTS-I.
TAHITI
TUAMOTU-ARCHIPEL
MARQUESAS-I.
TUBUAI-I.
SÜDOST-PAZIFISCH. BECKEN
SÜDOST-PAZIFISCH. PLATEAU
SÜDWEST-PAZIFISCH. BECKEN
PAZIFISCH-ANTARKTISCHER RÜCKEN
PAZIFISCH-ANTARKTISCHES BECKEN
INDISCH-ANTARKTISCH-RÜCKEN
INDISCHER OZEAN
TASMAN-SEE
NEU-SEELAND
Wellington
TASMANIEN
AUSTRALIEN
Sydney
Melbourne
Canberra
Süd-Fidji-Becken
PERU
KOLUMBIEN
ECUADOR
PANAMA
GALAPAGOS-I.
Oster-I.
Pitcairn-I.

1768 startete er seine erste Reise, die ihn auch nach Tahiti brachte.
Innerhalb von elf Jahren durchkreuzte er den Pazifik in alle Richtungen. Er hatte auch ein Team von Wissenschaftlern an Bord, die Flora und Fauna der Inseln dokumentierten, astronomische Beobachtungen durchführten und neue Navigationsmethoden entwickelten. Kapitän Cook war ein genialer Kartograph. Er vermachte der Welt einen langersehnten Schatz: eine Karte des gesamten Pazifiks.

Flora und Fauna

Die Tier- und Pflanzenwelt ist, verglichen mit dem ungeheuren Reichtum auf den fünf Kontinenten, verhältnismäßig artenarm. Grundsätzlich nimmt der Artenreichtum der Tiere und Pflanzen von Westen nach Osten ab, je weiter man sich vom eurasischen Landblock entfernt.

Pflanzenwelt der Südsee

Auf den flachen, kargen und niederschlagsarmen Koralleninseln gibt es meist nur wenige Pflanzenarten. Nur die Kokospalme hat dank ihrer besonderen Eigenschaften den gesamten pazifischen Raum erobert.

Im Gegensatz dazu ist auf den hohen Vulkaninseln mit ihrer Humusschicht der Artenreichtum der Pflanzen um ein Vielfaches größer.

Der üppige Pflanzenwuchs in den tropischen Regenwäldern ist den gleichmäßig hohen Durchschnittstemperaturen und den hohen Niederschlagsmengen zu verdanken. Kennzeichnend ist auch das Fehlen jahreszeitlicher Rhythmen, und so präsentiert sich der tropische Regenwald ganzjährlich als eine grüne Blätterwildnis.

Es gibt Bäume, die gleichzeitig blühen, Früchte tragen, Blätter abwerfen und neue Blätter treiben.

Urwaldriesen recken sich bis zu 50 Meter in den Tropenhimmel. Wegen des gleichmäßigen stetigen Wachstums haben die Bäume des tropischen Regenwaldes keine Jahresringe. Aus diesem Grund und wegen der Härte und der Elastizität sind die tropischen Hölzer so begehrt.

Nur drei Prozent des Tageslichts erreichen den Urwaldboden. Daher haben sich Philodendren, Orchideen, Farne, Moose und Flechten wegen der ungünstigen Lichtverhältnisse in Bodennähe höher in den Bäumen angesiedelt.

Die meisten der heute verbreiteten Nutzpflanzen, wie zum Beispiel Taro, Yams und Süßkartoffeln, wurden von den prähistorischen Seefahrern und Siedlern eingeführt.

Auf einigen Inseln, wie auch in Fidschi, wird aus den Wurzeln und den unterirdischen Sprossteilen der Kawapflanze ein Zeremonialgetränk und Genussmittel hergestellt.

Tierwelt der Südsee

Wie bereits erwähnt, ist im Vergleich zur Fauna der Kontinente auch die Tierwelt der pazifischen Inseln äußerst artenarm.

Einer Leguanart gelang es, einige der Fidschi- und eine der Tongainseln zu erreichen.

Von allen Landsäugern ist es nur Flughunden gelungen, bis nach Polynesien vorzudringen.

Die ersten Insulaner verhalfen durch ihre Seefahrten vielen Insekten, polynesischen Ratten und Mäusen, neue Inseln zu erreichen. Sie verbreiteten auch ihre Haustiere, vor allem Hühner, Schweine und Hunde.

Einige der eingeführten Tiere konnten sich explosionsartig vermehren, weil sie keine natürlichen Feinde vorfanden. Sie haben zum Teil irreparablen Umweltschaden angerichtet.

Die Vogelwelt ist äußerst vielfältig. Auf den größeren Inseln finden wir Landvögel, wie zum Beispiel Papageien, Kakadus und Paradiesvögel. Zu den artenreichen Seevögeln zählen zum Beispiel Albatrosse, Sturmtaucher und Kormorane.

Unter Wasser dagegen hat die Natur eine unübersehbare Mannigfaltigkeit an Lebewesen geschaffen, eine Wunderwelt unter Wasser, die mit Worten kaum zu beschreiben ist. Über den verästelten Korallen schwimmen Schwärme von Fischen in wunderschönen Farben und mit phantasievollen Mustern. Zwischen den Korallenstöcken sind Muscheln, Krebse und andere Krustentiere versteckt. Auf sandigem Grund sieht man alle Arten von Seesternen und Seegurken.

In großen Tiefen begegnet man Schwärmen von Barrakudas und Grouper, die als Einzelgänger jagen. Und natürlich trifft man auch auf verschiedene Haiarten!

Reisetagebuch

7.4. – 10.4.

Linz – Frankfurt – **Tokio**. Wenn auch der Yen nicht gerade in Blüte steht – wir betreten dennoch eine pulsierende Metropole von gewaltiger Faszination. Das Fest der Kirschblüte bringt hier zurzeit die Töchter und Söhne Nippons in Massen zum Feiern. Drei Tage und zwei Nächte haben wir eingeplant, um die Stadt zu erkunden. Menschen zu treffen. Japan einzuatmen. Und wir wollen wissen, was die Japaner so wild auf die zarten weißen Blüten macht. Sie sollen die irdische Vergänglichkeit symbolisieren, sagt man uns. Deshalb versuchen die Menschen ihr kurzes Leben so gut wie möglich zu nützen – und eben auch gehörig zu feiern. Carpe diem. Gar nicht japanisch, aber trotzdem ein guter Leitgedanke für unser bevorstehendes Abenteuer in der Südsee – denn auch unsere Reisezeit ist knapp bemessen. Wie das Leben, eigentlich.

10.4.

Wir verlassen Tokio und fliegen via Nagoya Richtung Südsee, nach **Fidschi**.

11.4.

Schon beim Anflug zieht uns Fidschi in seinen üppig-grünen Bann. Ein Traum. Wir landen in Nadi, wo wir von der Rosie-Travelagentur bereits erwartet werden. Sie schmücken uns mit Blütenkränzen und bringen uns sogleich ins Hotel. Eine Begrüßung, die glücklich macht.

Der Himmel ist leicht bedeckt und die Hitze daher erträglich. Trotzdem gehen wir unseren Trip eher gemütlich an und nützen die restlichen Stunden dieses Tages ausschließlich dazu, uns ans tropische Klima zu gewöhnen – steht uns doch schon am nächsten Morgen der Beginn einer dreitägigen Trekkingtour bevor …

12.4.

Um halb neun Uhr werden wir vom Hotel abgeholt. Ein Kleinbus bringt uns zum Ausgangspunkt unserer Tour. Mit einigermaßen gemischten Gefühlen blicken wir dem ersten Tag unseres Trips entgegen.

Lautoka City heißt die erste Stadt, die wir durchqueren: Ein wichtiges Standbein der Zuckerrohrindustrie Fidschis ist hier angesiedelt. Temo, unser Führer, klärt uns über die Fahrtroute und die Fidschi-Zeit auf: Beides ist relativ – sprich: nicht genau zu nehmen. Flexibilität und der Wille zur Improvisation sind gefragt. Gute Nerven natürlich auch. Nicht viel später bekommen wir dies auch schon zum ersten Mal zu spüren. Wir wechseln das Fahrzeug: Frauen ins Führerhaus, Männer ab auf die Ladefläche. Zuvor kaufen wir aber noch ein: Wasser für uns, Schulsachen und Süßigkeiten als Mitbringsel für die Dorfkinder.

Nach einer Stunde Fahrt verlassen wir die Asphaltstraße und fahren auf einem scheinbar ausgetrockneten Flussbett weiter. Nichtsdestotrotz ist dieses teilweise sehr rutschig. Es kostet den Fahrer und sein Vehikel einige Mühe, Steigungen zu bewältigen.

Eine weitere Stunde und zahlreiche Schweißausbrüche später halten wir. Tief Luft holen. Doch das sollte erst der Anfang sein: Wir setzen nun unseren Trip zu Fuß fort.

Nach einiger Zeit erreichen wir endlich das Dorf, in dem wir die kommende Nacht verbringen werden. Am Eingang des Dorfes erklärt uns Temo, dass wir Frauen einen „Sulu" tragen müssen – ein Tuch, das um die Hüften geknotet wird.

Dorfgerecht adjustiert steigen wir nun auf einem steilen, glitschigen Pfad zur Siedlung hinab. Wir werden von den Einwohnern freundlich begrüßt und zur Gästehütte gebracht. Und da schlägt der Kulturschock – befürchtet, doch nicht erhofft

– schon das erste Mal zu: Wir schlafen auf dem Lehmboden! Knappe Kommentare mit Galgenhumor. Es fällt uns zunächst doch etwas schwer, uns mit dieser Hotelkategorie anzufreunden. Unsere Handtücher, die wir als Unterlagen benützen, erzeugen eine Hoffnung auf halbwegs westlich trockenes Liegen. Auch die sanitären Anlagen entsprechen nicht wirklich unseren Vorstellungen – wir ziehen es vor, uns am Fluss zu waschen. Südsee? Ja, schon, aber eher für Robinson!

Anschließend sitzen wir gemeinsam mit den Frauen des Dorfes am Boden unserer Unterkunft. Diese bewirten uns mit Tee, den sie aus den Blättern des heimischen Zitronenbaumes zubereitet haben.

Inzwischen ist es dunkel geworden. Die Kinder des Dorfes kommen plötzlich alle zu uns in die Hütte, eines nach dem anderen. Neugierig betrachten sie uns und rücken immer näher. Sie beginnen zaghaft für uns zu singen, werden immer mutiger und fordern uns zum Tanzen auf. Als sie von uns zur Belohnung Süßigkeiten bekommen, wollen sie mit ihren Darbietungen gar nicht mehr aufhören. Schließlich verabschieden sie sich aber doch von uns und laufen zurück in ihre Hütten.

Die Frauen machen sich daran, das Abendessen für uns zuzubereiten. Sie ermutigen uns freundlich, die Vorbereitungen dafür zu begutachten. Es gibt Erdhuhn. Nach einem alten Rezept der Südseeinsulaner: In den Boden wird ein Loch gegraben, darin Feuer entfacht und Steine werden erhitzt. Das Huhn wird mit verschiedenen Kräutern gewürzt, in Palmenblättern eingeflochten und in den Erdofen gelegt. Wir tauschen skeptische Blicke aus. Man sollte meinen, nach diesem Tag könne uns nichts mehr überraschen. Mal abwarten!

Schließlich ist es so weit: Das Abendessen wird auf einem Tuch am Boden serviert.

Es besteht aus verschiedenen Wurzeln und Knollen – und natürlich dem Huhn. Es kostet uns einige Überwindung, die dargebotenen Speisen zu essen, schmecken sie für unsere verwöhnten Gaumen doch ziemlich eigenwillig. Irgendjemand bemerkt so nebenbei: „Huhn in Lehmteig." Natürlich lassen wir uns nichts anmerken und genießen das Festmahl scheinbar in vollen Zügen.

Nach dem Abendessen besuchen uns die Männer und Frauen des Dorfes. Es wird „Kawa" zubereitet, eine Art Suchtmittel, das den Männern zu mehr Potenz verhelfen soll. Angeblich. Wir sitzen im Kreis, die Zeremonie beginnt. Der „Headman" des Dorfes spricht ein Gebet und klatscht in die Hände. Er erklärt uns, was wir zu tun haben: Wir klatschen einmal in die Hände und sagen ehrfurchtsvoll „Bula" (= Hallo) zu jedem in der Hütte. Mit leichter Schluckhemmung trinken wir ein undefinierbares Getränk aus einer Kokosnussschale in einem Zug aus. Es erinnert an schmutziges Wasser und schmeckt auch, wie es riecht. Dann klatschen wir wieder drei Mal in die Hände. Nicht aus Beifall, eher schicksalsergeben. Denn die Schale wird erneut gefüllt und dem Nächsten in der Runde gereicht. Unter uns gesagt: Wir wiederholen diese Zeremonie später heimlich mit unserer Flasche Whiskey. Und damit keine falschen Schlüsse gezogen werden: Nicht aus Sucht, sondern aus reinem Überlebenstrieb.

Unser Gästehaus verwandelt sich nun allmählich in einen Ort der Unterhaltung. Die ältesten Frauen des Dorfes führen uns verschiedene Tänze vor. Es bleibt uns nicht erspart, wir müssen schließlich mittanzen. Und wie scheinbar überall auf der Welt feiern auch hier die Männer noch lange – in unserer Hütte. Zu lange, denn sie lassen sich dabei auch nicht stören, als wir schon erschöpft die Augen verdrehen und auf unsere Schlafstätte niedersinken.

SITUATION CRITICAL
IN REMOTE NORTH WEST
JUNGLE REGION
MISSION

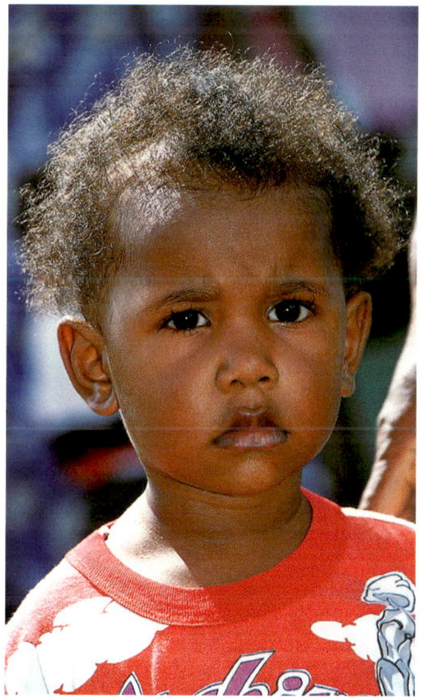

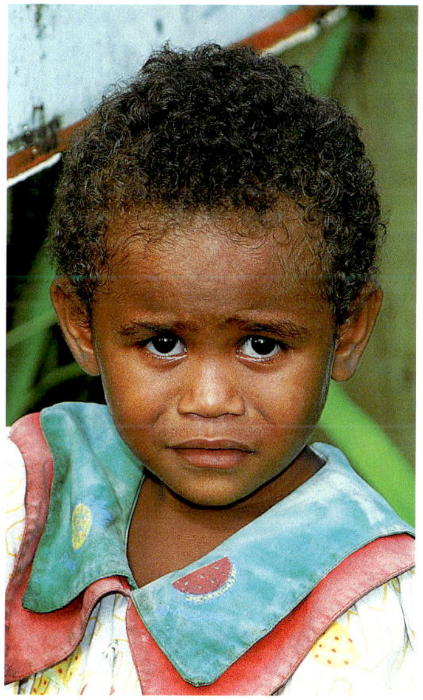

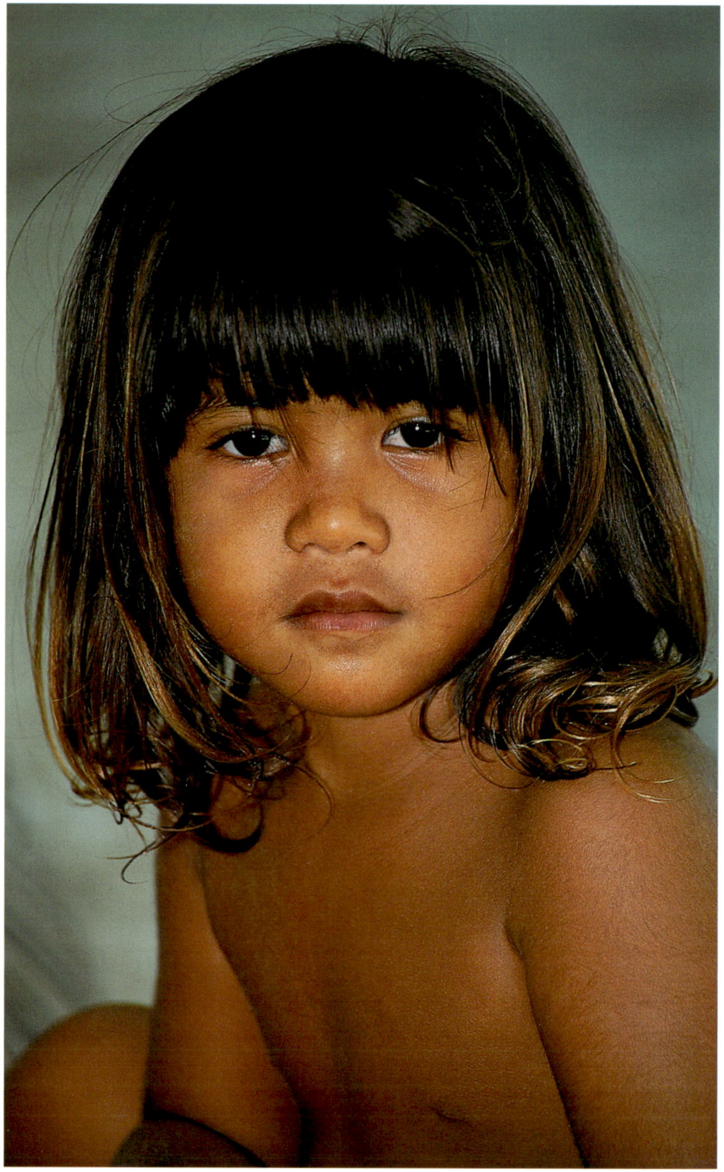

  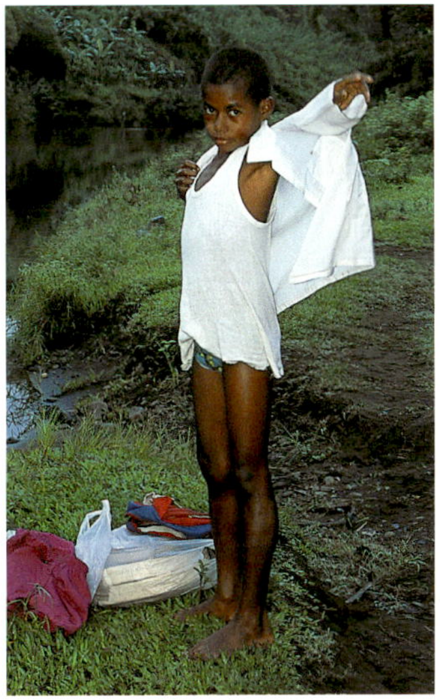 

13.4.

Früh am Morgen, bei unserer Morgentoilette am Fluss, sehen wir drei junge Herren durch das Wasser waten. Sie scheinen sich einen Tag schulfrei genommen zu haben. Wäre eigentlich verständlich, doch sie marschieren sehr wohl zur Schule, nur – sie müssen sich erst umziehen. Ordentlich kleiden. Weißes Hemd und so, wie es sich eben gehört. Nachdem Fluss und Urwald nun hinter ihnen liegen.

Die Wurzel dient als Wegzehrung und zur Stärkung während der Unterrichtspausen. Eine echte „gesunde Jause", im wahrsten Sinne des Wortes.

Anschließend brechen wir zu einer Plantage auf. Wir bahnen uns den Weg durch die Wildnis. Unser Führer erklärt uns, wozu die verschiedenen Pflanzen angebaut werden. Eine großblättrige Pflanze namens „Tara", zum Beispiel, ähnelt im Geschmack unserem Spinat. Andere Pflanzen wiederum werden zur Heilung von Verletzungen eingesetzt.

Nach der Besichtigung kehren wir noch einmal ins Dorf zurück, um uns für die Gastfreundschaft zu bedanken und uns von unseren Gastgebern zu verabschieden. Dann brechen wir auf, um unsere Tour fortzusetzen. Tour oder Tortur, das ist hier die Frage.

Unser Pfad führt abwärts zu einem Fluss, wo zwei fragil anmutende Bambusflöße auf uns warten. Misstrauisch beäugen wir die zusammengebundenen Stämme zunächst nur, um uns schließlich in unser Schicksal zu fügen. Also, auf ins nächste Abenteuer!

Wir gleiten friedlich den Fluss hinunter, bestaunen die faszinierende Vegetation

des Urwalds und lauschen der für uns so exotisch fremden Geräuschkulisse. Dieses entspannte Dahintreiben ist jedoch nicht von allzu langer Dauer. Der Fluss beginnt immer mehr zu sprudeln und zu ziehen: It´s rafting time!

Wir haben alle Hände voll zu tun, um nicht umzukippen und ins Wasser zu fallen. Für uns wäre das nicht so schlimm, da wir sowieso schon bis auf die Haut nass sind – aber wir müssen vor allem darauf achten, dass unsere Kameras nicht allzu viel abbekommen. Wäre doch unendlich schade, wenn wir unsere Reise nicht mit Bildern dokumentieren könnten! Auf halber Strecke halten wir an und marschieren zu einem kleinen Wasserfall, wo wir eine kurze Rast einlegen. Danach geht es ohne Unterbrechung bis zum Endziel unserer Floßfahrt weiter. Dort legen wir an und klettern eine steile Böschung nach oben. Die Männer ver-

frachten unser Gepäck nun auf zwei Tragpferde. Nur den Rucksack mit unseren Kameras, Wasserflaschen und einigen persönlichen Dingen tragen wir mit uns. Fußmarsch ist angesagt. Das Wetter zeigt sich noch von seiner besten Seite, und zumindest die erste halbe Stunde verläuft so, wie wir es uns vorgestellt haben.

Doch dann geht´s los. Bald schon finden wir uns auf einem äußerst schmalen Pfad wieder, der teilweise gar nicht als solcher erkennbar ist. In diesem Jahr ist offensichtlich noch niemand vor uns hier gegangen. Nur in diesem Jahr? Wir bahnen uns also unseren Weg quer durch das Dickicht des Regenwaldes. Allen voran Temo, unser Führer, der mit einer Machete Platz schafft.

Zu allem Überfluss beginnt es plötzlich in Strömen zu gießen. Zu schütten. Wir geraten in ein sintflutartiges Unwetter; Schlammmassen rinnen uns entgegen. Völlig machtlos rutschen, waten und schlittern wir durch den Dschungel, stecken teilweise knietief im Morast. Bei jedem Schritt müssen wir darauf achten, unsere Schuhe nicht im Schlamm zu verlieren. Verzweifelt versuchen wir uns an den hohen Sträuchern und Gräsern irgendwie festzuhalten, dabei zerschneiden wir unsere Arme und Beine. Assoziationen zu „Durch die grüne Hölle" tauchen auf, den Film verspüren wir jetzt so richtig am eigenen Leib. Stundenlang kämpfen wir uns durch den Dschungel, mit einem einzigen Wunsch: hier heil oder zumindest lebend wieder rauszukommen! Wird es ein Happy End für die Happy Foto Crew geben? Vielleicht nützt ein Stoßgebet.

Nach einer Ewigkeit erreichen wir einen Fluss, den wir ohne Hilfsmittel durchfurten müssen. Mit dem festen Vorsatz, diesen Tag zu überleben, peilen wir das gegenüberliegende Ufer an. Das Wasser reicht uns teilweise bis über die Hüften; wir halten einander fest an den Händen, um nicht von der starken Strömung um- und weggerissen zu werden. Schier unmenschliche Anstrengung und eiserner Wille helfen uns schließlich, heil ans andere Ufer zu gelangen! Nur noch wenige Minuten bis zum nächsten Dorf …

Der Eingang des Dorfes liegt vor uns – irgendwie teilnahmslos nehmen wir es wahr, apathisch, durchnässt bis auf die Haut und völlig erschöpft. Wir beziehen die uns zugewiesene Hütte. Dieses Mal besteht unsere Schlafstätte aus dünnen geflochtenen Matten, die auf Stroh ausgebreitet sind. Wir versuchen uns so gut wie möglich zu säubern und hängen unsere patschnassen Sachen in der Hütte zum Trocknen auf. Kleidung, Geld, Reisenotizen; heute blieb absolut nichts von der Nässe verschont.

Foto: Doris Kittel

Kurz darauf werden wir von den Einheimischen gebeten, ins Kommunikationshaus hinüberzugehen, wo für uns ein Mahl vorbereitet worden ist. Tagesmenü: Wurzeln, Taro, Kochbananen und Nudeln mit Fleischstückchen.

Danach können wir uns gottlob noch ein wenig ausruhen, bevor wir zur offiziellen Willkommensfeier abgeholt werden. Nicht unbedingt motiviert erheben wir uns von unseren Matten – doch als wir sehen, welche Mühe sich die Dorfbewohner gegeben haben, versuchen wir unsere Müdigkeit abzuschütteln. Männer, Frauen und die Dorfjugend haben sich im Kommunikationshaus versammelt. Der Dorfhäuptling begrüßt uns und weist uns einen Platz zu. Am Boden, versteht sich. Zum Gesang und zu den Trommeln der Männer und Frauen zeigen uns die drei Dorfältesten einen typischen Fidschi-Tanz.

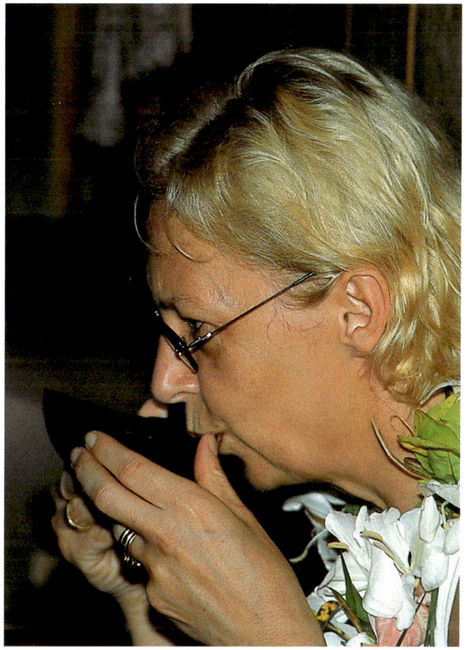

Anschließend werden wir mit Blumenketten behängt und zum Mittanzen aufgefordert. Auch heute bleiben wir von der Zeremonie der Kawa-Zubereitung und dem unausbleiblichen Trinkvorgang nicht verschont. Wir alle hoffen, dass noch Whiskey übrig ist. Wie schon im anderen Dorf spricht der Häuptling zuerst ein Gebet – dann geht es los. Dieses Mal wissen wir schon, was wir zu tun haben. Fidschi-Routiniers, sozusagen.

Nach und nach beginnen wir uns mit den Einheimischen zu unterhalten. Auf Englisch, leicht akzentbetont. Sie befragen uns, wir befragen sie. Der Headmaster gibt den Talkmaster, und er übersetzt für beide Seiten den Inhalt der Gespräche. Er ist der einzige, der einigermaßen Englisch spricht. So gewinnen wir einen Einblick in das Leben und in die Kultur der Bewohner Fidschis. Sie erfahren von uns, dass es neben Australia auch noch Austria gibt.

Kurz vor Mitternacht dürfen wir uns schließlich verabschieden. Wir lassen diesen ereignisreichen Tag Revue passieren und versuchen uns die gewonnenen Eindrücke einzuprägen. Innerhalb weniger Sekunden schlafen wir erschöpft ein.

Koko

14.4.

Frühstück. Während die Männer bei der Arbeit sind, sitzen die Frauen mit den Kindern, die noch nicht zur Schule gehen, im Kommunikationshaus und unterhalten sich. Sie brauchen nicht zu arbeiten. Man könnte direkt neidisch werden.

Wir warten auf unseren Bus, der erwartungsgemäß mit einigen Stunden Verspätung kommt und auf uns einen ziemlich desolaten Eindruck macht. Es gibt auch keine Haltestellen. Wer aussteigen will, zieht an einem Seil, an dem eine Glocke befestigt ist, und der Fahrer hält an. Obwohl das Dorf eine Straßenanbindung hat, ist diese durch die heftigen Regenfälle arg in Mitleidenschaft gezogen worden. Daher die lange Wartezeit. Nach sechs Stunden Fahrt und mehreren Buswechseln erreichen wir schließlich unser Hotel in Nadi. Wir freuen uns auf eine heiße Dusche, ein ordentliches Abendessen und ein richtiges Bett! Endlich!

Lange können wir den Luxus weicher Liegestätten allerdings nicht genießen – die Nacht ist nur kurz, denn unser Flug zur nächsten Insel geht um vier Uhr morgens.

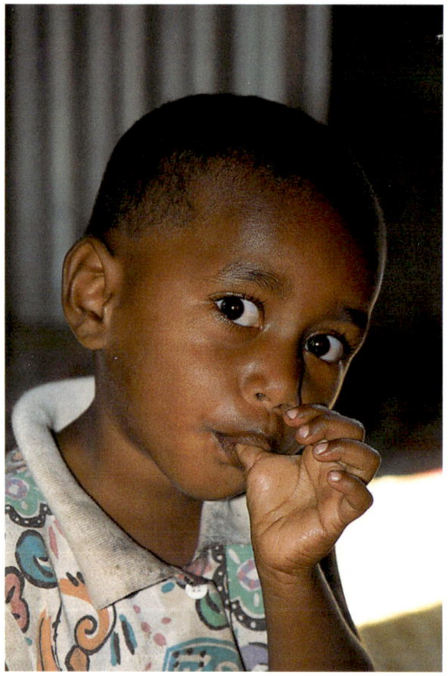
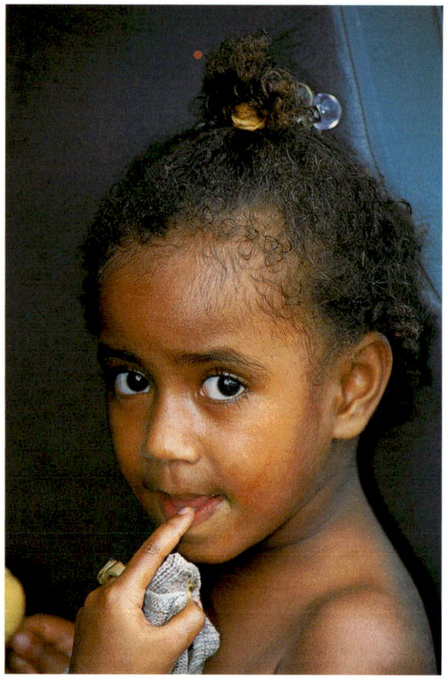
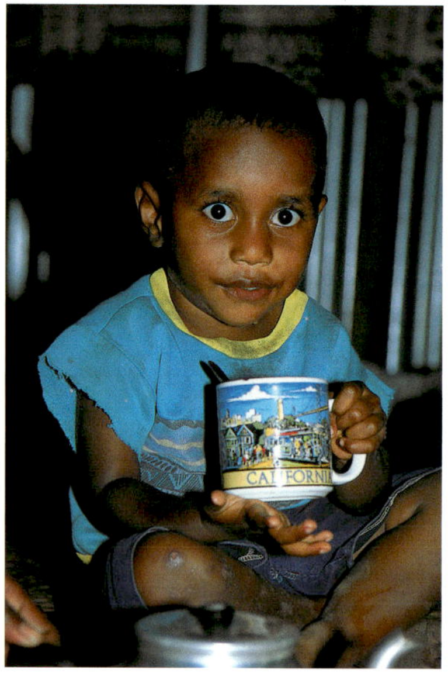
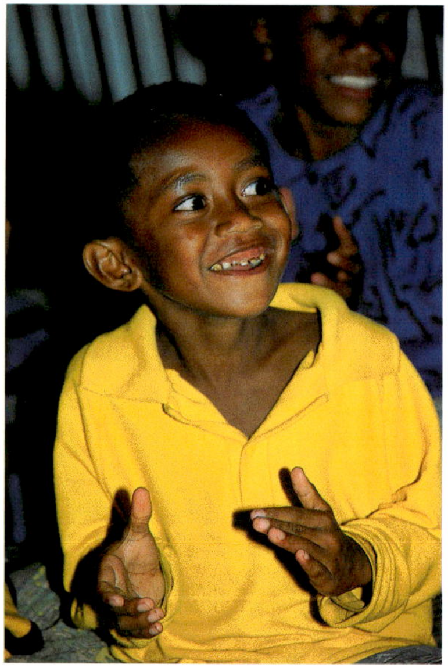

FC

15.4.

Unser Ziel: **Rarotonga** – eine der Cook-Inseln. Heaven on earth. Die Reise dorthin erweist sich als wahrer Jungbrunnen. Wir überfliegen die Datumsgrenze und kommen somit am 14. April um einen Tag verjüngt an.

Beim Verlassen des Flugzeuges bietet sich uns ein inzwischen schon vertrautes Bild: Neugierige Einheimische empfangen uns freundlich und heißen uns mit einer Blumenkette willkommen. Plötzlich spricht uns eine Frau in deutscher Sprache an. Sie stellt sich als Frau Ingrid vor und erzählt uns, dass sie nun schon seit fast dreißig Jahren auf dieser Insel lebt und Inseltouren anbietet. Wir sind selbstverständlich interessiert und vereinbaren mit ihr einen Ausflug für den nächsten Tag, auf den wir uns echt freuen.

16.4.

Früh am Morgen erwartet uns Frau Ingrid bereits im Hotel. Von ihr erfahren wir, was es auf Rarotonga zu sehen gibt. Und was sehenswert ist. Wir besprechen kurz, was wir besichtigen wollen, sie gibt uns Ratschläge, und wir gehen ganz auf ihre Vorschläge ein. Dabei entpuppt sie sich als ein wandelndes botanisches Lexikon! Sie erläutert uns sämtliche Besonderheiten der hier heimischen Bäume, Sträucher und Blumen bis ins kleinste Detail. Auch über Sitten und Gebräuche der Einheimischen weiß sie genauestens Bescheid. In uns hat sie begeisterte Zuhörer und Begleiter gefunden; sie zeigt uns die schönsten Plätze der Insel, stundenlang.

Nach dieser äußerst anregenden Inseltour geht es wieder Schlag auf Schlag: Heim ins Hotel. Abendessen. Zurück zum Flugplatz. Du denkst dabei an die Japaner in Österreich. Aber nur kurz.

Weiter geht es nach **Tahiti.** – In Papeete, der Hauptstadt Tahitis, legen wir einen Zwischenstopp ein. Die letzte Verschnaufpause, bevor wir unseren Tauchurlaub in Rangiroa antreten. Wir landen um halb elf. Der Fahrer des Vans, der uns zum Hotel bringt, verwickelt uns gekonnt in ein Gespräch – und bietet uns eine Inselrundfahrt für den nächsten Tag an. Wir engagieren ihn.

17.4.

„In der Stille meines Hauses träume ich von kraftvollen Farben inmitten der mich berauschenden Wohlgerüche, in denen

ich eine mit heiligem Schrecken gewürzte Wonne aus vordenklichen Zeiten erahne*", schreibt der französische Maler **Paul Gauguin**. Jahrelang galt seine Leidenschaft den exotischen Farben Tahitis. Und mehr oder weniger verhüllten Südseeschönheiten, deren Körper seine pazifischen Eindrücke schmücken. In seiner unnachahmlich farbenkräftigen Art verhalf er beiden zu ewigem Leben. Den Mädchen und der See.

Gauguins Bilder ziehen an unserem inneren Auge vorbei, als wir mit unserer Rundfahrt beginnen. Wir verlassen Papeete. Unser erstes Ziel: der schwarze Strand mit dem Leuchtturm. Hier ist **Captain Cook** gelandet. Uralte Bäume setzen ihm ein Denkmal. Einmalige Impressionen.

Wir setzen unsere Fahrt fort zu den Blow-Holes: Unterhalb der Steilküste zischen dort Wasserfontänen aus Löchern im Basaltgestein. Das gewaltige Tosen und Dröhnen macht diesen Ort besonders beeindruckend. Wir durchqueren einen Bambushain und finden uns vor einem riesigen Wasserfall wieder. Ringsherum blühende Sträucher und Urwaldriesen so weit das Auge reicht. Wir können uns an diesem fantastischen Naturschauspiel nicht satt sehen, doch die Zeit drängt schon wieder.

Nächstes Ziel ist das Gauguin-Museum in Papeari. Wir sind etwas enttäuscht, denn nicht ein einziges Originalgemälde des Malers hängt hier. Schade. Dafür lohnt sich ein Bummel durch den botanischen Garten.

Auf dem Rückweg zum Hotel passieren wir eine Kaskade. Farne schmücken die gesamte Felswand, kleine Kinder planschen im Wasser. Hier ließe es sich leben!

Im Hotel halten wir uns nicht mehr lange auf. Unser Gepäck steht schon bereit. Auf geht's zum Flughafen und zur nächsten Insel: Rangiroa. Dort wollen wir tauchen, und wir sind gespannt, ob sich die gewaltigen Eindrücke über Wasser auch unter Wasser fortsetzen werden. Und welche Schönheiten die Südsee unter ihrem türkisblauen Schleier für uns bereithält.

Nach nur einer Stunde Flugzeit setzen wir schon wieder zur Landung an. Unter uns breitet sich das Festland aus wie ein schmaler Ring. In der Mitte eine riesige Lagune, außerhalb das offene Meer: **Rangiroa.**

Nachdem wir unsere Gepäckstücke eingesammelt haben, werden wir mit einem Bus in unsere Hotelanlage namens „Kia Ora Village" gebracht. Dort angekommen sind wir uns einig: Hier gefällt es uns!
Wir beziehen unsere Overwater-Bungalows. Im Boden des Wohnzimmers ist eine Glasplatte eingelassen, durch die wir verschiedenste bunte Fische bei ihrem Treiben beobachten können.
Ein Blick auf die Veranda: Der Vollmond thront majestätisch über dem Meer. In seinem Lichtschein tummeln sich kleine Fischschwärme im Wasser. Fast unwirklich traumhaft, aber wahr.
Abendessen. Eine Gruppe Insulaner in traditionellem Outfit unterhält die Gesellschaft. Ihr Spiel, Gesang und Tanz runden diesen vollkommenen Abend harmonisch ab. Geradezu überladen mit wunderbaren Eindrücken begeben wir uns schließlich zu Bett.

18.4.–19.4.

Der Sonnenaufgang lockt uns bereits vor sechs Uhr auf die Veranda. Erwachen im Paradies. Das Farbspektrum des Ozeans übertrifft selbst unsere kühnsten Erwartungen. Wir dachten, Blau sei eine Farbe – nun sind wir klüger. Blau ist eine Offenbarung!

Um sieben Uhr begeben wir uns zum Frühstück. Als wir den Steg zum Hauptgebäude überqueren, erblicken wir im knietiefen Wasser fünf Baby-Adlerrochen. Ein aufregendes Erlebnis für uns – aus der Nähe konnten wir solche Tiere noch nie beobachten!

Eine halbe Stunde später treffen wir Sebastian, unseren Tauchführer. Er bringt uns zur Tauchbasis. Die Geräte werden vorbereitet, wir schlüpfen in den Tauchanzug. Das Boot bringt uns aus der Lagune durch einen Kanal ins offene Meer. Der Moment ist da, den wir so lange herbeigesehnt haben …

Wir lassen uns ins Wasser fallen und sinken langsam zum Riff hinab. Die Sicht ist nicht schlecht, und schon nach wenigen Minuten kommt uns der erste Hai entgegen.

Obwohl die Wände des Riffs aussehen wie Felsen, sind sie doch lebendig, von Millionen winziger Tierchen aufgebaut. Um uns herum wimmelt es nur so von Leben, überall herrscht geschäftiges Treiben. Das Riff ähnelt einer Großstadt. Eine Schildkröte taucht aus dem tiefen Blau auf und äugt zu uns herüber. Unweigerlich denke ich daran, dass viele ihrer Artgenossen in Suppentöpfen enden oder in Fischernetzen zu Grunde gehen. Die Schildkrötenweibchen scheiden salzige Tränen aus, wenn sie ihre Eier legen. Wer weiß, ob sie nicht wegen ihres Schicksals weinen!

Ein Schwarm größerer Barrakudas patrouilliert entlang der Riffkante. Sie halten Ausschau nach unvorsichtiger Beute. Ein Kugelfisch hat sich zur Verteidigung mit Wasser aufgepumpt. Von uns hat er nichts zu befürchten. Weiß er natürlich nicht.

Aufgrund des riesigen Fischreichtums treffen wir auf viele Großfische. Gruppen von Riff-Haien und auch ein großer Napoleonfisch ziehen an uns vorbei. Als Höhepunkt unseres Tauchgangs treffen wir auf einen Delphin. Zum Greifen nahe schwimmt er neben mir. Ich wage kaum zu atmen, um ihn nicht durch meine Luftblasen zu vertreiben. Man spürt direkt seine Intelligenz und die Freundschaft zum Menschen. Eine außergewöhnliche Erfahrung. Die Anmut, mit der er sich fortbewegt, übersteigt bei weitem die der meisten Fische. Zwei kräftige Schläge – und

schon ist er aus unserem Sichtfeld verschwunden.
Viel zu schnell vergeht die Zeit, und wir müssen wieder an die Oberfläche. Unsere Atemluft ist fast aufgebraucht.

Nachdem wir unsere Gerätschaften versorgt und die Kleidung aufgehängt haben, werden wir wieder zu unseren Bungalows gebracht. Wir haben vier Stunden Zeit, um uns für den nächsten Tauchgang auszuruhen.

Die Zeit verstreicht wie im Flug, und schon bald können wir wieder in die Tiefe gleiten. Haie eskortieren uns hinab. Wir tauchen zum Riff, beobachten die eleganten Räuber. Gebannt verfolgen wir sie mit unseren Blicken. Da wir relativ tief sind, müssen wir uns bald von diesem Anblick lösen und unseren Aufstieg beginnen. Wir freuen uns jetzt schon auf die nächsten zwei Tage, an denen wir diesen Winkel des Meeres weiter erkunden dürfen.

20. 4.

Heute fahren wir zu einem neuen Tauchplatz, wo Eric Haie füttern wird. Nachdem wir unsere Ausrüstung angelegt haben, tauchen wir langsam ab.
Zwei große Silberspitzen-Haie sind gleich zur Stelle, da sie das Futter riechen. Noch ein paar kommen bald neugierig heran. Ganz langsam nähern sie sich uns. Wir können ihre Zahnreihen mit hunderten messerscharfen Klingen sehen, wenn sie nach dem Köder schnappen. Ein paar Mal muss Eric die Haie mit dem Haistock zurückstoßen, da sie fast bis auf Hautkontakt an uns herankommen. Als schließlich kein Futter mehr übrig ist, ziehen sie sich mit scheinbar lässigen und doch kräftigen Flossenschlägen in die Tiefe zurück.
Wir setzen unseren Tauchgang fort. Die Strömung ist sehr stark, und wir müssen teilweise heftig dagegen ankämpfen. Schwärme von Falterfischen stehen über

den Steinkorallen. Die Symbiosen rund um diese Großstädte des Meeres faszinieren uns immer wieder: Verschiedenste Riffbewohner leben in Partnerschaften zusammen, von denen beide Partner profitieren. Kleine Garnelen und Fische säubern die Haut und das Maul größerer Fische, ohne von diesen verspeist zu werden. Ein Barsch lässt gerade eine Generalsäuberung über sich ergehen. Viel zu rasch ist unsere Atemluft wieder aufgebraucht, und wir müssen mit dem Aufstieg beginnen.

Rangiroa ist eines der größten Atolle der Welt. Im Rhythmus der Gezeiten füllt und leert sich sein riesiges Wasserreservoir durch nur zwei Riffkanäle. Man erlebt den Puls des Ozeans. Wir besuchen den nordöstlich liegenden Avatoru-Pass. In dieser nur hundertfünfzig Meter engen Meeresvene ist das Wasser stets in Bewegung. Außerhalb des Kanals fällt die Riffwand senkrecht bis auf 1200 Meter Tiefe ab. Die Unterwasserlandschaft am Außenriff ist bei weitem nicht so idyllisch wie in der Lagune. Wenn man am Steilabfall in die Tiefe hinunter blickt, kann man leicht vom Schwindel erfasst werden.

Nach Rangiroa kommt man nicht, um Makrofotografie zu betreiben. Hier trifft man auf Schwärme von Großfischen! Als wir abtauchen, kreist schon eine Gruppe von zirka 20 Haien um uns – und es kommen immer mehr dazu. Wir verhalten uns ganz ruhig und beobachten das Geschehen genau. Ich atme tief durch und schwimme für ein paar Fotos mitten in den Schwarm. Manche Haie entwickeln eine Neugierde, die sie oft ganz nahe an uns Taucher herankommen lässt.
Nun lassen wir uns mit der Strömung in den Kanal treiben. Plötzlich sehen wir knapp unter uns eine Mauer von mehreren hundert Haien. Diese Schule steigt oft deshalb so hoch, um im Kanal die Fische zu jagen, die mit der Strömung aus der Lagune kommen. Das zu beobachten ist für uns faszinierend. Dann driften wir weiter. Ein großer Napoleonfisch kreuzt unseren Weg. Dieser majestätische Fisch mit seinen dicken Lippen und den Kugelaugen ist wahrlich eine eindrucksvolle Erscheinung. Dieser Fisch ist von Natur aus recht scheu. Beim Fotografieren muss man deshalb trachten, nicht zu viele Luftblasen auszustoßen, um ihn nicht zu erschrecken. Wir gleiten vorbei an Überhängen, die voll mit kleinen Fischen sind. Eine große Muräne wagt sich weit aus ihrer Höhle hervor und reißt ihr Maul auf.

Bei diesem Drifttauchgang legen wir eine Strecke von fast zwei Kilometern zurück. Als wir uns schließlich wieder auf dem Boot befinden, sind wir uns alle einig, dass dies wohl der schönste und spektakulärste Tauchgang war, den wir bis jetzt erlebt haben.
Zurück im Hotel lassen wir bei einem Cocktail noch einmal alle Ereignisse Revue passieren. Dazu ein wunderschöner Sonnenuntergang. Er verankert diesen Tag für immer im Gedächtnis.

21.4.

Unser letzter Tag auf Rangiroa. Nach dem Frühstück ein Strandspaziergang. Die Luft ist drückend schwül. Nichtsdestotrotz leihen wir uns nach dem Mittagessen Fahrräder und fahren zum Dorf. Obwohl wir bis dorthin nur eine Entfernung von acht Kilometern zurücklegen müssen, dauert die Fahrt bei der brütenden Hitze doch etwas länger. Am Rückweg entdecken wir eine Perlenfarm. Weil Neugier angeblich ein Zeichen von Intelligenz sein soll, gehen wir einfach hinein und schauen uns etwas genauer um.

Die Perlmuschel ist flach und rund und hat im ausgewachsenen Zustand einen Durchmesser von 20 bis 25 Zentimetern. Die schwarze Farbe der Perlen wird auf die besondere Zusammensetzung des Planktons in der Lagune zurückgeführt. Die Schönheit der Perlen blendet uns – wen wundert es, dass diese Prachtstücke so begehrt sind.

Wieder zurück in unserer Hotelanlage heißt es Koffer packen. Als wir nach dem Abendessen in unsere Häuschen gehen, ist bereits heftiger Wind aufgekommen. Der Sturm weckt uns mitten in der Nacht.

Es schüttet in Strömen, und die Wellen schlagen heftig an die Pfähle unserer Overwater-Bungalows. Trotzdem versuchen wir wieder einzuschlafen. Das Element Wasser beruhigt. Und als Bewohner der ehemaligen Kittel-Mühle haben wir dazu ein besonderes Naheverhältnis.

22.4.

Bei Tagesanbruch hat sich das Wetter wieder etwas beruhigt, und da der Himmel nicht makellos blau ist, fällt uns der Abschied von diesem Paradies etwas leichter. Wir werden zum Flughafen gebracht und starten in Richtung **Bora Bora**.

Bora Bora, von den Einheimischen „Pora Pora" genannt, ist für uns – wie für viele andere sonnenhungrige Urlauber – ein lang ersehnter Traum. Und der Name hält, was er verspricht: Schon der Anflug auf die Insel enttäuscht uns nicht. Die Bilder der wunderschönen Lagune mit dem im Meer halb versunkenen Vulkan wirken aus der Vogelperspektive magisch anziehend. Wir sind überwältigt!

Wieder werden wir nach der Landung mit Blumenkränzen geschmückt. Der Transfer zur Hotelanlage findet diesmal mit einem Boot statt.

Ankunft im Hotel. Die Formalitäten sind rasch erledigt, und wir beziehen wieder einen Overwater-Bungalow. Schnell wird ausgepackt – dann gehen wir sofort mit Maske und Schnorchel ins Wasser. Viele verschiedene Fischarten tummeln sich zwischen den einzelnen Korallenblöcken. Mit Spannung erwarten wir den ersten Tauchgang auf Bora Bora.

23.4.

Gleich am Morgen werden wir mit einem Auto der Tauchbasis abgeholt. Der Himmel hält sich leider bedeckt, und es beginnt schließlich auch zu regnen.
Erstes Tauchziel: Manta-Point. Wir hoffen, einige dieser edlen Riesentiere durch das Wasser gleiten zu sehen. Am Tauchboot befinden sich schon mehrere Taucher, und es kommen noch einige dazu. Schließlich umfasst die Gruppe 25 Personen, und wir sind etwas skeptisch geworden, da auch totale Anfänger dabei sind. Der Tauchgang entpuppt sich als einzige Enttäuschung – keine Mantas und äußerst schlechte Sichtverhältnisse! Aber wir nehmen es nicht zu tragisch.
Als wir wieder an Bord klettern, wissen wir, dass dies nicht unsere Art zu tauchen ist. Prozessionen sind nicht unser Metier. Für die nächsten paar Tage chartern wir ein privates Tauchboot mit Guide. Sollte sich als richtige Entscheidung erweisen.
Die Hotelküche rettet schließlich unseren Tag mit einem Fischbuffet, das wahrlich keine Wünsche offen lässt.

24.4.

Ostersonntag! Wir genießen die Sonne und warten auf unser Boot. Der eigene, zu unserem Bungalow gehörende Anlegesteg bietet einen ausgesprochen seltenen und komfortablen Service; nicht nur fürs Ein- und Aussteigen. Die Bootscrew trägt außerdem alle Gerätschaften und versorgt unsere nassen Tauchsachen. Luxus pur!
Um elf Uhr geht's los, diesmal raus aus der Lagune ins offene Meer. Am Ziel angekommen gibt es noch eine kurze Besprechung, bevor wir schließlich gespannt abtauchen.
Gleich zu Beginn umkreisen uns neugierig Schwarzspitzen-Riffhaie. Plötzlich ziehen zwei große Sandtigerhaie an uns vorbei. Wir verharren ganz still, um sie nicht zu erschrecken. Genauso plötzlich, wie sie aufgetaucht sind, verschwinden sie auch wieder.
Viele bunte Fischschwärme begleiten uns, und wir beobachten das rege Treiben unter Wasser. Dieser Tauchgang ist wieder ganz nach unserem Geschmack!

Foto: Doris Kittel

25.4.

Erneut werden wir vom Tauchboot abgeholt, und wir fahren wieder ans Außenriff. Überraschenderweise hat unser Guide auch diesmal Köder mit, um die Haie zu füttern. Dies entspricht beileibe nicht unseren Vorstellungen und ist eigentlich verpönt. Hier scheint es allerdings allgemein üblich zu sein. Andere Meere, andere Sitten. Schon beim Abtauchen sehen wir einige Haie ihre Kreise ziehen, und als die Fütterung beginnt, kommen sie von allen Seiten herbei. Plötzlich tauchen zwei Sandtigerhaie auf, drei weitere folgen sogleich. Beim Anblick dieser riesigen Tiere wagen wir kaum zu atmen – wir beobachten sie mit großem Interesse. Und Respekt.

Am Abend liefert uns dieses Ereignis noch genügend Gesprächsstoff, und es wird auch gebührend gefeiert. Einheimische führen uns einen Feuertanz vor. Einige Burschen zeigen, wie flink und geschickt sie auf Kokosbäume klettern können, und sie messen ihre Kräfte beim Steinewerfen. Asterix und Obelix in der Südsee? Doch etwas zu weit hergeholt, im wahrsten Sinne des Wortes. Aber Völker verbindend.

26. 4.

Heute ist unser letzter Tauchtag. Da sich die Wellen ziemlich hoch auftürmen, können wir nicht ans Außenriff. Also tauchen wir in der Lagune. Um uns herum unzählige kleine Fische und bunte Muscheln – ein gemütlicher Tauchgang zum Ausklang. Gerade recht.

27.4.

Es heißt wieder einmal Koffer packen. Zum letzten Mal genießen wir auf Bora Bora die Sonne und das Meer. Wir, das sind in diesem Falle die Frauen. Und wir haben uns gefragt, ob denn Männer nie Ruhe geben können, so einfach nur genießen, mit der Seele baumeln, ohne Wettkampf und Erforschungstrieb. Nein. Stur, wie sie eben sind, borgen sie sich trotz der Gluthitze Fahrräder aus und starten zu einer schweißtreibenden Inselrundfahrt. Nach drei Stunden kommen sie erschöpft, aber zufrieden zurück.

Ein herrlicher Sonnenuntergang wird uns zum Abschluss noch beschert. Ein symbolisches Farewell dieses „Himmels auf Erden". Etwas wehmütig nehmen wir Abschied, wohl wissend, dass wir nicht so schnell wieder in dieses Paradies kommen werden. Oder ob überhaupt.

28.4.

Flug nach Papeete auf **Tahiti**.

Da uns bis zum Weiterflug genügend Zeit bleibt, besuchen wir noch den Markt. Er ist wie überall ein Spiegelbild des Landes und der Menschen.

Obst und Gemüse, Fische und Handwerkskunst werden dort angeboten – Farbenpracht ohne Ende.

Der Fischreichtum spiegelt sich in einem derart gewaltigen und vielfältigen Angebot der Händler wider, wie wir es bisher noch nirgends erlebt haben.

Und überall freundliche, ja fröhliche Menschen. Sie freuen sich, wenn sie fotografiert werden, ohne dabei gleich die Hand aufzuhalten.

Um Mitternacht bringt uns ein Taxi zum Flughafen. Zum ersten Schritt in Richtung Heimat.

29.4.–30.4.

Flug über Los Angeles nach **San Francisco**. Hier legen wir nochmals einen Tag Zwischenstopp ein. Müssen wir wohl.
Stadtbesichtigung. Die Golden Gate Bridge und ein Besuch auf Alcatraz sind zwei Fixpunkte.
Am nächsten Tag fliegen wir via Frankfurt nach Hause.

Wir sind still geworden. Unter uns der Ozean als monochrome Melancholie in tiefem Blau. Der „Himmel auf Erden" liegt hinter uns. Eines aber wissen wir: Die Südsee wird uns immer begleiten.

Nachbetrachtung

Es ist schon klar: Urlaub ist etwas Schönes. Aber es lauern auch immer wieder Gefahren, die nicht vorhersehbar sind. Unsere Reisen tragen häufig auch den Reiz des unerwarteten Abenteuers in sich, nicht nur bei den Tauchgängen, sondern auch an Land, wo Trekkingtouren und sportliche Einlagen nie fehlen dürfen. So auch dieses Mal wieder, wo uns die Naturgewalten einmal in arge Nöte gebracht haben. Aber wir sind noch einmal davongekommen. Glück gehabt!
Wie schrieb doch Antoine de Saint-Exupéry in seinem Werk „Der kleine Prinz“: „Man sieht nur mit dem Herzen gut.“ Wir haben das für unsere Reisen abgeleitet und sind zur Auffassung gelangt, dass man auch nur mit dem Herzen gut reisen kann und sich nicht von Dingen, die man nicht ändern kann, aus der Fassung bringen lassen soll. Man wird dann mehr vom Urlaub haben, ihn bewusster genießen. Wir haben uns durchgebissen, manche Narbe ist davon noch Zeuge, und wir wurden mit einem herrlichen Tauchabenteuer belohnt. Und so nebenbei haben wir auch den Globus einmal umrundet.
Dieses Reisetagebuch soll seinen Betrachtern Freude bereiten und vielleicht auch in ihnen die Sehnsucht nach der Südsee wachrufen. Natürlich sind die darin widergegebenen Eindrücke subjektive Reflexionen, die keinen Anspruch auf allgemeine Gültigkeit erheben. Für uns selbst ist das Buch Erinnerung an einen Traum, den wir nie vergessen werden. Und ein weiterer Beweis dafür, dass es auch auf Erden einen Himmel gibt. Man muss ihn nur suchen.